MW00426132

SOPA DE LIBROS

Título original: *Elefante txori-bihotza*

© Del texto: Mariasun Landa, 2001
© De las ilustraciones: Emilio Urberuaga, 2001
© De la traducción: Mariasun Landa, 2001
© De esta edición: Grupo Anaya, S.A., 2001
Juan Ignacio Luca de Tena, 15. 28027 Madrid
www.anayainfantilyjuvenil.com
e-mail: anayainfantilyjuvenil@anaya.es

1.ª edición, octubre 2001
13.ª impr., septiembre 2009

Diseño: Manuel Estrada

ISBN: 978-84-667-0618-6
Depósito legal: M. 38875/2009

Impreso en ORYMU, S.A.
Ruiz de Alda, 1
Polígono de la Estación
Pinto (Madrid)
Impreso en España - Printed in Spain

Las normas ortográficas seguidas en este libro son las establecidas por la
Real Academia Española en su última edición de la *Ortografía*, del año 1999.

Landa, Mariasun
Elefante corazón de pájaro / Mariasun Landa ; ilustraciones
de Emilio Urberuaga. — Madrid : Anaya, 2001
72 p. : il. col. ; 20 cm. — (Sopa de Libros ; 65)
ISBN 978-84-667-0618-6
1. Elefantes. 2. Escuelas. I. Urberuaga, Emilio, il.
087.5:82-3

Elefante corazón
de pájaro

SOPA DE LIBROS

Mariasun Landa

Elefante corazón de pájaro

Ilustraciones de
Emilio Urberuaga

ANAYA

Querido Xabier:

Hasta ahora,
me ha resultado muy difícil
escribirte.

Cada vez
que empezaba a hacerlo,
llamaban a la puerta
y aparecía un elefante.

Tú sabes que yo doy clases
a los animales, ¿no?

Pues no sé si sabes
que me animé
a enseñar a los elefantes

porque quería
ampliar mi experiencia
y viajar un poco
por este ancho mundo.
   El anuncio que leí
en el periódico *Elefantenews*
parecía haber sido escrito
pensando en mí:

> *Manada de **elefantes***
> *con intereses culturales*
> *busca **maestra***
> *con espíritu dinámico*
> *y aventurero.*
> *Vivienda en selva **africana.***
> ***Dieta** vegetariana.*
> *Salario: Cien toneladas*
> *de **bananas.***

¡Qué bien!
Acepté el trabajo encantada.
Me pareció muy adecuado
para mí.
Estaba harta de dar clase
a unas arañas, torpes y maniáticas,
que, además,

me pagaban con moscas,
que tampoco es lo que se dice
un bocado rico.
Además,
todo el mundo me decía
que los elefantes
eran unos alumnos estupendos,
muy estudiosos.
—Tienen una memoria
como un armario de grande.
No, más grande aún,
como un camión de mudanzas

—me informó
un maestro de elefantes
que acababa de venir
de la India—.
Hay algunos
que tienen tanto sitio
para guardar lo que aprenden,
que se parecen a esos barcos ferrys
que llevan en su interior
un montón de coches y autobuses
y museos y dinosaurios disecados.
   Me pareció un poco exagerado,
la verdad,
pero la ocasión era única
y no me paré
a pensarlo dos veces...
Cualquier cosa era mejor
que seguir enseñando
en aquella escuela de arañas.

Así que me cogí un avión
hacia Africa,
con buen humor
y poco equipaje:
un libro de cuentos
de Rudyard Kipling,
una caja de lápices de colores
y mi cepillo de dientes.
No necesitaba más.
Al principio,
lo que más me chocó
fue la enorme curiosidad
de los elefantes
de aquella manada.
Unos querían saber
cuántos pares de sandalias
podían llevar los Reyes Magos,
otros, ver cuántas lentejas
cabían en una piscina,

cuántos columpios
había en Europa...
   —¿No sería mejor
empezar por aprender a leer?
—les dije yo, preocupada.
   ¡Uf, aquello

los enfadó muchísimo!
¡Leer!, ¡leer!...
¡Lo que ellos querían
era aprender inglés,
hacer gimnasia,
utilizar ordenadores
o hacer un cursillo
para ser astronautas!
   Así empezaron mis desdichas
con aquellos elefantes.
Cada uno
quería una cosa diferente,
y todos, lo de los demás.

Un follón monumental.
No tardé mucho tiempo
en darme cuenta
de que me había metido
en un buen lío.
    Además, Xabier,
voy a confesarte mi ignorancia...
Yo creía que todos los elefantes
eran iguales o muy parecidos:

    Mamíferos de gran tamaño,
de piel rugosa,
nariz prolongada
en forma de trompa
y dos colmillos
largos y puntiagudos...

    Nada más.
En la Universidad

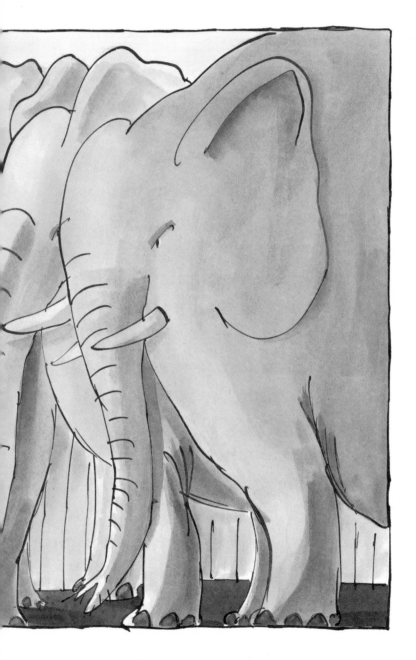

así me lo enseñaron,
pero esa definición
se queda bien corta.
Nadie, ni mi compañero
que había sido profesor
de elefantes en la India,

me advirtió de la verdad:
por fuera, los elefantes
son todos muy parecidos,
pero, por dentro, su corazón
es un verdadero sobre-sorpresa.
   Por ejemplo,
seguro que nadie te ha dicho
que hay elefantes
que tienen corazón de tigre.
Unas verdaderas fieras.
Estos solían enfadarse muchísimo
conmigo cuando no podía
responder a sus preguntas.

—Pero, cómo...
¿no sabes cuántas hamburguesas
comen los niños y niñas de Japón?
¡Pero, bueno, esto es increíble!
¡Para esto pagamos estas clases!
¡Mira que te enrollamos
en nuestra trompa
y te lanzamos al espacio!

Yo, ante aquellos ataques
furibundos,
tampoco me quedaba atrás.
Me defendía como podía:
—¡No soy una enciclopedia!
¡Yo solo me comprometí
a enseñaros a leer!
¡Y si no estáis contentos,
pues os buscáis a otra maestra
que tenga más paciencia que yo!
¡Os va a costar, creedme!

Luego estaban los elefantes
con corazón de mono.
Siempre estaban
entrando y saliendo de la escuela,
siempre moviéndose
de aquí para allá,
golpeándose en los lomos
unos a otros...
    —¡Quietos!
—les ordenaba yo—.
¡Cada uno a su pupitre!
    Nada. Ni caso.
    —¡Si aprendemos lo mismo
aunque nos movamos!
—me respondían ellos.
    —¡Mirad que, un día de estos,
me voy a marear
y vais a aprender todas las letras
al revés!

¿Y los elefantes
con corazón de hormiga?...
Esos siempre estaban trabajando.
Con sus trompas
escribían y escribían en la pizarra
las letras y las palabras
que les enseñaba,
las borraban,
las repetían de nuevo...
—¡Vale, vale!
¡No es necesario
tener tanta prisa...!
—les decía yo, inquieta—.
¡No por mucho madrugar
amanece más temprano!
Pero los elefantes
con corazón de hormiga
no entendían los refranes:
unos empezaban a limpiar la clase;

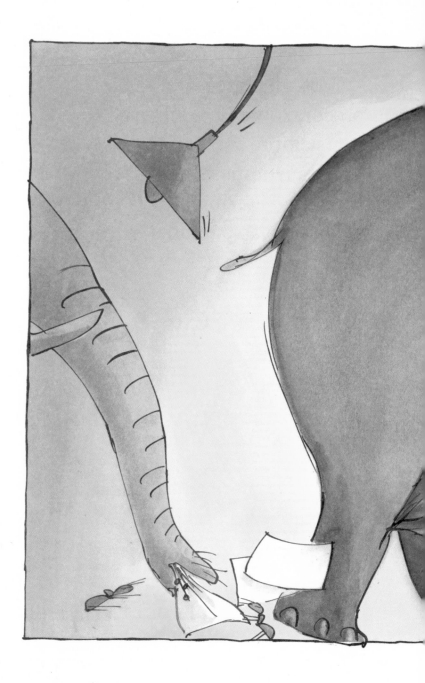

otros, las ventanas; otros, el suelo;
otros, el techo...
¡hasta limpiaban los pupitres
que habían ensuciado
los elefantes-corazón-de-mono!
Y todo ello con su trompa,
que, por cierto,

es la mejor aspiradora
que he conocido en mi vida.

   —¡Prestad un poco de atención
porque os voy a contar un cuento!
—les dije una vez,
pensando que un cuento,
como la música,
siempre amansa a las fieras...
   —¿Un cuento?
Y eso... ¿para qué sirve?
—protestaron enseguida
los elefantes con corazón de rata—.

¡Solo nos propones tonterías!
¡Como la fábula
de la cigarra y la hormiga
que nos contaste el otro día!
¡La cigarra tuvo su merecido
por no haber pensado
en el futuro,
y nosotros no caeremos
en la misma trampa!
El invierno nos cogerá
bien preparados.
¡Faltaría más!
¡Los cuentos son una tontería!
  En fin, Xabier,
que aquello iba de mal en peor.
  Estaba desesperada
y mi paciencia se iba agotando.
  Ayer ya estaba contando
los días que me faltaban

para terminar mi contrato,
cuando pasó algo inesperado...
   Estando en la clase,
apareció un pajarillo multicolor
que fue directamente a posarse
encima de una elefanta

que casi siempre
solía estar silenciosa
y tumbada en un rincón
de la clase, junto a la ventana:
   —¡Kikunga, despierta!
¡Ya está aquí tu pájaro Kolokolo!
—empezaron a gritar
todos los demás,
batiendo aparatosamente
sus orejazas
y emitiendo unos sonidos
que parecían las sirenas
de mil ambulancias.

—¡SILENCIOOO!
Tuve que ponerme
muy muy seria
para que dejaran de armar
aquel escándalo.

Tardé mucho tiempo
en darme cuenta
del porqué se reían de ella:
era un elefante
con corazón de pájaro.

Xabier, tengo que avisarte
de que esta clase de elefante
es muy, pero que muy especial.
Y terriblemente escasa,
quedan muy pocos ejemplares
en esta tierra.
Y yo, ayer, al descubrir
que una de mis alumnas
pertenecía

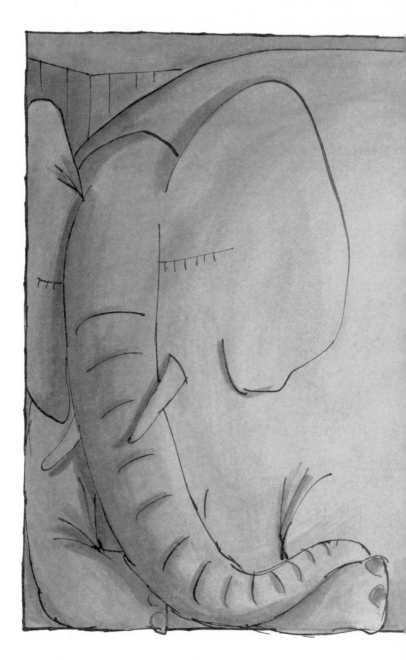

a este grupo tan original,
sentí una gran emoción.
    Ahora te voy a decir
el porqué.
    Por lo visto, los elefantes
de estas características
tienen el corazón
tan pequeño como
el de los jilgueros.
Son pacíficos y callados.
A veces, te olvidas
hasta de que están en clase.
Siempre son los últimos
en enterarse de todo,
siempre están como en Babia,
contando las nubes
o canturreando,
y sonríen a todo aquel
que quiera hacerles caso.

Xabier, los elefantes
con corazón de pájaro
son dulces y misteriosos.
    Los otros elefantes
se burlan de ellos
y les llaman bobos, inocentes,
inútiles y hasta retrasados.
    Algunos dicen que son así
porque al nacer
les picó una avispa en un ojo.
Otros, que al nacer
los abandonó su madre.
Y hasta hay quien no duda
en decir que
los elefantes-corazón-de-pájaro
son como son porque se dieron
un buen golpe en la cabeza
al intentar dar
sus primeros pasos...

Hay diversas teorías,
pero ninguna es segura.
Lo único cierto
es que estos elefantes
hablan con los pájaros.
¿Que no te lo crees?

Pues escucha
lo que voy a contarte:
Como te iba diciendo,
ayer, el pájaro Kolokolo llegó,
se instaló en una oreja de Kikunga
y a medida
que pasaban los minutos
la pobre iba poniendo
cara de susto, cara de horror,
cara de espanto...,
hasta que se puso a gritar
con todas sus fuerzas:
—Kolokolo avisa

de que el río viene crecido,
que se está llevando todo
por delante,
que arrastra árboles más grandes
que nosotros...
¡Tenemos que salvarnos!

La carcajada fue general.

—Kikunga, ¡eres más insulsa
que un mosquito recién nacido!
¡Las orillas de nuestro
Gran Río Limpopo
son tan inmensas
como las mayores playas!
¡No sabes lo que dices,
tontorrona!
—vociferó
un elefante-corazón-de-buitre.

Muchos de sus compañeros
opinaron igual.

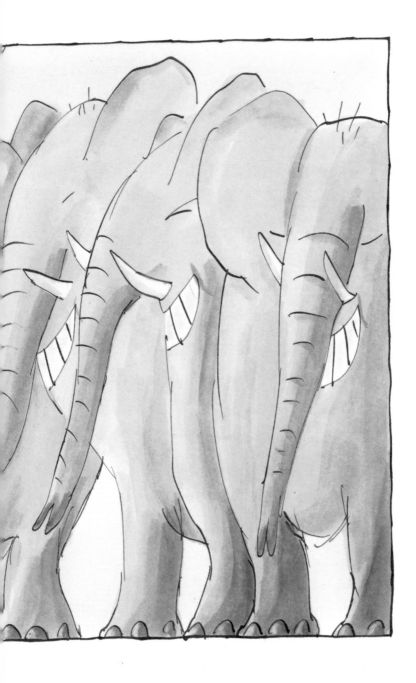

Se desternillaron de risa.

—¡Kolokolo
siempre dice la verdad!
—seguía insistiendo Kikunga,
incansable.

Traté de poner

un poco de orden
en aquel escándalo:

—A ver, Kikunga, repíteme
todo lo que te ha dicho
ese pájaro Kokolo o Kokokolo
o lo que sea...

Todos los elefantes
estallaron en carcajadas
ante mi equivocación...

Y la pobre Kikunga
volvió a repetirme
que aquel pájaro
le había anunciado

que el río venía arrasando
todo lo que encontraba a su paso,
que teníamos que correr
hacia las colinas,
que su amigo el pájaro Kolokolo
nunca mentía...

   Ninguno de los elefantes
se dignó prestar atención
a sus palabras.
Aprovechaban el tiempo
para estirar sus trompas
y arrancar con ellas
un puñado de hierba.
Luego, le sacudían la tierra
golpeándolo
contra sus patas delanteras
y se lo metían en la boca
como quien oye llover.
Rumia que te rumia,

nadie parecía tomar en serio
a aquella pobre elefanta,
y yo también tenía mis dudas.
   Y, mientras tanto, Kikunga
insistía e insistía, sin reposo,
en que huyéramos

lo antes posible de allí.
   Sentí un poco de pena
por ella...
¡tan cándida y tan buenaza!
   «Bueno —pensé—.
Está mal dejar en ridículo
a una pobre elefanta
porque de pequeña
se dio un golpe en la cabeza.
Pronto es la hora del recreo,
así que no nos vendrá mal
hacer un poco de ejercicio físico.
Les haré moverse un poco,

a ver si así se apaciguan
los ánimos...».
   —¡Callad y escuchad!
¡Vamos a dejar todo como está
y a subir a esa colina
que está ahí mismo!
¡El que llegue primero,
doble ración de merienda!
   Kikunga fue la primera
en encabezar la marcha.
Unos rezongando,
otros burlándose,
todos se pusieron en camino
tras ella...
   Hasta que, de repente,
escuchamos un estruendo sordo
que se asemejaba
a un trueno cercano.
Luego se pareció a un bramido.

Y enseguida, a un ejército
de cacerolas y pucheros...
   ¿Qué era aquello?
¿Qué animal rugía
de aquella forma?
¿Era una tormenta?

¿Un terremoto?
Las orejas de mis alumnos
empezaron a abanicarse
con fuerza...
Miramos hacia el río
que habíamos dejado atrás.
Este fue ensanchándose
y agrandándose
ante nuestra vista,
con tanta velocidad
y tal cantidad de troncos,
ramas, animales muertos
y enseres diversos,

que entonces
sí que echamos a correr
colina arriba.
No hizo falta
añadir una palabra más.
En menos que canta un gallo,
el agua se llevó la escuela,
los pupitres, el tablero
y todo lo que pilló a su paso.
   Desde arriba
todo parecía un mar de barro
y olas de escombros...
   Por un momento
todos los elefantes tuvieron
corazón de pulga asustada.
Sus ojillos no podían creer
lo que veían
y tardaron un poco
en reaccionar:

—¡Oh, Kikunga,
si no llega a ser por ti!
    Todos sus compañeros
la rodearon y frotaron sus lomos
contra el de ella.
Todos querían enredar
sus trompas con la suya,
y con sus patazas daban golpes
contra el suelo
en señal de agradecimiento.
    Kikunga, mientras tanto,
miraba hacia el cielo:
buscaba al pájaro Kolokolo
para darle las gracias.

*   *   *

No hace falta decirte,
Xabier, que ayer fue
mi último día de clase.

El Gran Río Limpopo
de aguas verdigrises y aceitosas
se ha encargado
de terminar mi contrato.
Pero no me voy a ir de aquí
todavía.
¿Que por qué no?
Pues porque ahora
a mí lo que realmente me interesa
no es la enseñanza,
sino la investigación.
Estoy analizando
a los elefantes-corazón-de pájaro
y cuanto más los estudio
más me entusiasmo.
No creía que fueran tan, tan...
apasionantes.
Creo que estoy a punto de hacer
un gran descubrimiento,

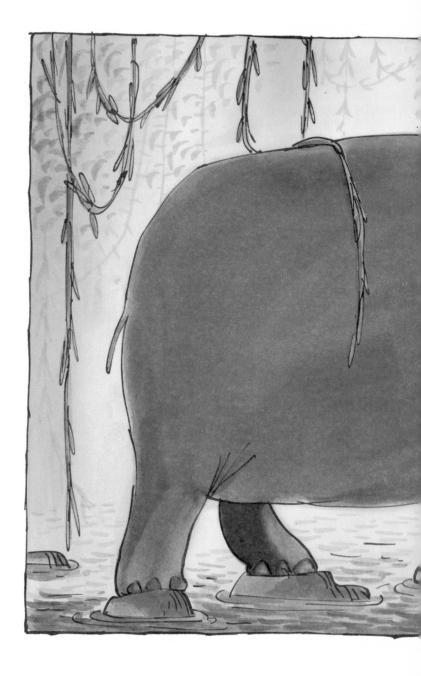

pero no pienso contártelo
hasta estar muy segura.
Igual hasta escribo
un libro sobre ello.
    Bueno, también
hago otras cosas.

Por ejemplo, escribo cartas
y, sobre todo, no paro de hacer
confitura de banana.
No es por nada...
¡pero me sale riquísima!
¡Ya la probarás!
    ¡Ah, y tengo una ayudante,
claro!
    ¿A que no adivinas quién es?
    Su nombre empieza por K
y termina por A.
    ¿Que ya lo has adivinado?
Eres un chico muy listo.

Escribieron y dibujaron...

Mariasun Landa

Este no es el primer libro que Mariasun Landa publica en esta colección. Cuando los gatos se sienten tan solos y La bruja y el maestro *lo preceden. ¿Cómo nace la idea de este libro?*

—Pues una vez, hace ya muchos años, mi amigo Mukanda Kikunga y yo nos pasamos largo rato observando a unos elefantes del zoológico de Vincennes, en la ciudad de París. De repente, uno de ellos me miró como solo saben mirar los elefantes, y garabateó algo en la pizarra del cielo con su trompa. Leí atentamente su mensaje: ¡HOLA, MARÍA! (Yo, cuando vivía en París, me llamaba María).

—*¿De ahí parte la idea?*

—Sí, pero aún no he terminado... el caso es que el corazón me dió un vuelco. Alguien me había descubierto. Llevaba muchos años disimulándolo, pero aquel *colegui* me había reconocido enseguida. Le con-

fesé a mi amigo que yo en realidad era una elefanta.
Kikunga, que era del Congo y sabía mucho de elefantes, no pareció sorprenderse. «Pero tienes el corazón de un pájaro Kolokolo, me dijo él». Han pasado más de veinte años de eso, pero, desde entonces, no he encontrado mejor forma de autodefinirme.

—¿Le han gustado los elefantes que ha dibujado Emilio Urberuaga?

—No solo me han gustado, sino que me han encantado, y la maestra, también. La ilustración final, pone un broche de oro a la narración. De ahora en adelante, cuando esté triste, miraré las ilustraciones de los elefantes riendo sarcásticamente... Seguro que me hacen sonreir, una vez más. Y eso, hoy en día, es un verdadero regalo.

Emilio Urberuaga

Emilio Urberuaga es un ilustrador muy conocido dentro y fuera de España. En esta colección ha ilustrado El palacio de papel, El misterioso influjo de la barquillera, Diecisiete cuentos y dos pingüinos; *también es autor de* Marina *y de* Pluma y Tapón *en la colección* Mi primera Sopa de Libros. *Este es su primer trabajo con Mariasun Landa. ¿A la hora de ilustrar un cuento, en qué se fija?*

—Cada historia necesita un tratamiento diferente, pero mi primera aproximación es igual para todas. Leo varias veces el cuento para empaparme del motivo sobre el que tengo que trabajar. Una vez hecho esto, comienzo a ilustrar teniendo en cuenta el ritmo de la historia, para que las ilustraciones también lo tengan.

—*Al parecer, el cuento de Mariasun Landa se adecua muy bien al estilo de sus ilustraciones. ¿Qué opina usted de ello?*

—Me he sentido muy cómodo ilustrándolo porque los personajes principales son animales, y a mí me encanta dibujar animales. Además, el tema es muy curioso y creo que Mariasun lo trata con mucha gracia. He procurado que el humor del cuento se refleje en la ilustración, espero haberlo conseguido.

—*Si tuviera que elegir, ¿qué historias le gustaría ilustrar?*

—Hay muchas historias que me gustaría ilustrar, pero una especialmente: *Rebelión en la Granja* de George Orwell.

SOPA DE LIBROS